DE LA

NÉCESSITÉ DE RÉTABLIR

CONSTITUTIONNELLEMENT

LA CENSURE

PAR L. DEV...

Officier d'état-major.

PARIS.

BOHAIRE, LIBRAIRE, RUE DE GRAMMONT, 6.

1842.

DE LA

NÉCESSITÉ DE RÉTABLIR

constitutionnellement

LA CENSURE.

PARIS.—IMP. BLONDEAU, RUE RAMEAU, 7.

DE LA

NÉCESSITÉ DE RÉTABLIR

CONSTITUTIONNELLEMENT

LA CENSURE

PAR L. DEV...

Officier d'état-major.

PARIS.

BOHAIRE, LIBRAIRE, RUE DE GRAMMONT, 6.

1842.

DE LA NÉCESSITÉ

DE RÉTABLIR CONSTITUTIONNELLEMENT

LA CENSURE.

La France présente un déplorable spectacle. Après une longue suite d'épreuves laborieuses, de sacrifices douloureux, de vicissitudes inouïes, elle possède des institutions conformes à ses vœux les plus chers et en rapport avec les besoins, les lumières du siècle; de larges voies sont ouvertes à toutes les tentatives raisonnables d'amélioration et de progrès; chacun, dans les limites d'une sage liberté, peut donner à ses facultés un légitime développement : Eh bien! nous ne sommes pas satisfaits! Oublieux des terribles leçons du passé, il semble que nous soyons, comme le marin à peine échappé du naufrage, impatients de braver de nouveau les tempêtes révolutionnaires. Que se passe-t-il, en effet, autour de nous? On entend sans cesse prêcher les doctrines les plus funestes; le pouvoir est attaqué de toutes parts ; une polémique irritante agite les esprits, excite à la révolte les classes pauvres et laborieuses ; tout est remis en question; le premier venu, sans titre, sans mission, se croit en droit de faire table rase et de reconstruire à son gré le pacte social : on discute, on crie, on s'agite, la vie devient une lutte politique incessante, la société une vaste arène où se pressent les combattants. Cet état d'anarchie morale nous a fait comparer, non sans quelque raison, aux Grecs du Bas-Empire.—Ils étaient, comme on le sait, divisés en deux factions, celle des bleus et celle des verts : chez nous on en compte de toutes les couleurs ;—ils se passionnaient pour de misérables subtilités théologiques : nous épuisons notre activité dans de vides et impraticables utopies ;—enfin, ils avaient leurs rhéteurs, leurs sophistes : nous, nous avons nos avocats. Serions-nous donc descendus au niveau de ce peuple abâtardi, de ces indignes successeurs des conquérants du monde ? L'heure fatale de notre décadence aurait-elle sonné ? faut-il dire un dernier adieu à cette société si riche des dons précieux de l'intelligence, et que les arts, le génie et la gloire avaient placée à la tête de la civilisation ?

A ces questions, empreintes d'amertume, je répondrai que nous ne devons pas désespérer de l'avenir. Certes, un mal grave et profond nous travaille, qui prétendrait le nier ? Mais la guérison de ce mal n'a rien d'impossible ; cherchons donc le remède, et si nous parvenons à l'entrevoir, osons l'indiquer sans détour, au risque de nous exposer aux sarcasmes ou à la haine des infatigables apôtres du désordre. Ma voix, voix faible, dépourvue d'autorité , aura sans doute peine à se faire entendre au milieu du choc retentissant des idées et des passions hostiles; mais en l'élevant selon mes forces j'accomplirai un devoir, j'obéirai aux inspirations de ma conscience, et, par le temps qui court, cet exemple, à défaut d'autre mérite, aura du moins celui de la nouveauté.

On peut diviser la société en deux catégories bien distinctes, l'une renfermant les hommes attachés, soit par principes, soit par intérêt, au maintien de l'ordre et du repos publics, c'est-à-dire, presque la totalité des capacités intellectuelles, des propriétaires grands et petits, et des travailleurs intelligents; l'autre se composant de partis plus ou moins fractionnés, dont les vues, divergentes sous le triple rapport de la religion, de la morale et de la politique, se réunissent toutefois en un seul point : le renversement de nos institutions. Or, la première de ces catégories, on ne saurait le révoquer en doute, l'emporte de beaucoup sur la seconde : comment se fait-il donc que celle-ci, faible minorité, ait assez de puissance pour troubler le pays, pour arrêter les progrès de la prospérité nationale, enfin, pour nous entraîner dans une voie semée de périls et environnée de précipices?

C'est que la conscience du devoir, l'amour du bien général, le dévouement à la patrie, sont les sources du courage politique; c'est que ces vertus, sauf quelques rares exceptions, n'ont aujourd'hui qu'un faible écho dans nos âmes ; c'est que nous sommes soumis au joug d'un sentiment rétréci, ennemi de toute noble inspiration et plaie honteuse de notre époque : l'égoïsme.

Grace à ses lâches conseils, nous fuyons tout danger. La république, le communisme, l'émeute ont déployé leur drapeau et parcourent la cité en poussant des cris de guerre. Quitterons-nous, remplis d'indignation, le foyer domestique pour aller les combattre et défendre l'ordre, la propriété, les lois menacés ? Non, tout s'arrangera fort bien sans nous ; d'ailleurs c'est l'affaire du gouvernement, et puis — il pleut et l'heure du dîner va sonner : laissons passer l'émeute, le communisme et la république !

L'esprit d'égoïsme a fait commettre, depuis 1830, une multitude de fautes difficiles à réparer. Je ne citerai que la question de l'hérédité de la pairie. Lorsqu'on vint à la discuter, l'amour-propre individuel, qui ne voit rien d'un point de vue élevé, qui ne saurait souffrir aucune supériorité sociale, jeta les hauts cris : —Nous sommes tous égaux,—les priviléges ont fait leur temps — nous ne voulons plus d'autre aristocratie que celle de l'intelligence...... et de l'argent : à bas l'hérédité ! Et l'hérédité fut abolie, sans qu'on se préoccupât de savoir si sa conservation ne donnerait pas plus d'indépendance à la chambre haute, de solidité à l'équilibre des trois pouvoirs, et par suite, de force à la constitution. Mais il s'agissait bien de cela !

Toute chose a sa raison; l'ascendant de l'égoïsme au temps où nous vivons, a ses causes, et la difficulté n'est pas de les découvrir.

D'abord le philosophisme du XVIIIe siècle ayant fait, dans les livres dont notre jeunesse a été en quelque sorte nourrie, une guerre acharnée non-seulement à la révélation, mais encore à toutes les formes d'hommages rendus à la divinité, le doute est venu nous assaillir, et du doute à l'incrédulité il n'y a qu'un pas. Mais les recherches impuissantes de la raison abandonnée à elle-même, ont assez prouvé que les vérités morales ne pouvaient trouver leur sanction ailleurs que dans la loi religieuse. Si donc vous niez la religion, ces vérités se trouvent réduites à l'état d'idées purement spéculatives, le bien et le mal n'existent plus que dans notre imagination, et le choix entre l'un et l'autre n'entraîne aucune responsabilité.

D'un autre côté, les révolutions, les bouleversements au milieu desquels nous avons été jetés, les brusques changements de gouvernement opérés sous nos yeux; l'instabilité du pouvoir et la mobilité des opinions : tout cela a ébranlé nos croyances politiques et un scepticisme absolu n'a pas tardé à les remplacer.

Or, puisqu'il n'y a pas de ciel, puisque le bien et le

mal ne sont que des mots vides de sens, puisque la forme politique d'aujourd'hui n'est pas celle d'hier et sera modifiée demain, rien ne reste au-dessus et autour de nous, à quoi nous rattacher. C'est donc sur nous, sur nous seuls, la conséquence est logique, que nous devons reporter toutes nos pensées, toutes nos affections, et il ne faut pas s'étonner si nous avons élevé un piédestal, que dis-je ? un autel à l'individualisme.

Comment renverser l'idole ? comment détruire ce culte insensé, non moins honteux que le fétichisme des misérables peuplades du Congo ? Le seul moyen d'y parvenir, c'est de travailler à rappeler la foi en ces lois suprêmes de l'humanité dont l'oubli ravale l'homme au niveau de la brute et entraîne les peuples à une chute inévitable.

Vous consacrez vos veilles, philantropes zélés, savants économistes, aux soins de nos intérêts matériels: fort bien, vous avez droit à notre reconnaissance. Cependant vous obtiendriez des résultats plus satisfaisants encore, ce me semble, si vous vouliez vous rappeler que la nature humaine se compose de deux principes. Quoi ! tout pour l'un et rien pour l'autre — pour l'autre le plus élevé et le plus noble !

Avec la matière combinée et employée sous mille formes, vous pouvez parvenir à appaiser, jusqu'à un certain point, des appétits donc j'accepte la légitimité — *guenille si l'on veut, ma guenille m'est chère* — mais elle est impuissante, cette matière, à guérir nos douleurs profondes.

Les chemins de fer rapprochent les lieux et activent l'existence, — le gaz nous rend le jour au milieu de la nuit — j'admire ces merveilleuses découvertes et je rends justice aux soupes à la *Rumfort :* mais qui me délivrera de la crainte du néant? Qui soutiendra mon courage si le mal vient *briser mes os ?* qui me consolera de la perte d'un être chéri ?

Étendez donc les limites du champ que vous cultivez ; semez autour de vous des idées morales, des idées religieuses ; et si vous parvenez à faire germer dans l'âme du malheureux une seule, si petite qu'elle soit, de ces plantes précieuses et suaves, vous aurez plus contribué à calmer ses angoisses, soyez-en sûr, que si vous l'aviez enrichi de tous les biens de la terre.

Par malheur, la foi ressemble à cet oiseau, que nous avons élevé et auquel nous prodiguons nos caresses : la fenêtre s'ouvre, il prend son vol et disparaît pour toujours.

Ce que nous ne pouvons pas pour notre génération, nous le pouvons du moins pour celle qui s'élève ; inculquons-lui les principes dont la providence a voulu que nous nous écartions, mais dont nous sommes forcés de reconnaître les avantages inappréciables. L'éducation morale et religieuse de la jeunesse doit être l'objet principal de nos pensées, et, en particulier, de toute la sollicitude du gouvernement. Cette question est vitale pour lui, vitale pour la société, et réclame le concours des plus hautes intelligences.

A elles seules de mettre la main à l'œuvre; mais il est permis à chacun de signaler les vices qui pourraient compromettre la solidité de l'édifice.

Tout ce qu'on fera, sera sans résultat utile aussi longtemps que des écrits, des feuilles périodiques où le ridicule et le mépris sont jetés à pleines mains sur les choses et les hommes les plus dignes de notre respect, viendront égarer l'esprit et corrompre le cœur de nos enfants.

La presse avait une grande et noble mission à remplir, a-t-elle su la comprendre? Les faits sont là pour répondre.

Le rapport de M. de Chantelauze, contre lequel on a tant crié, et dont le seul tort a été de provoquer un coup-d'état fatal à ses auteurs, renfermait une lumineuse révélation.

Aujourd'hui, ce rapport serait bien au-dessous de la vérité.

Depuis onze ans, en effet, certains journaux semblent avoir atteint les dernières limites de la licence.

Jetez un regard rétrospectif sur leur polémique violente, empreinte de la plus mauvaise foi, et vous jugerez s'il y aurait de l'exagération à formuler de la manière suivante, les préceptes du parti, à l'usage des écrivains de la presse anarchique :

« Il est essentiel pour atteindre notre but de dé-
« tourner du roi l'affection publique. Attribuez-lui
« donc toutes les fautes réelles ou supposées du mi-
« nistère. Cela ne saurait se faire ouvertement sans
« danger ; mais au moyen de certaines conventions,
« vous parviendrez à sortir d'embarras, et il n'y a pas
« d'injures qu'on ne puisse, en dépit du parquet, adres-
« ser impunément au *système* ou à *l'ordre de choses.* »

« Quant aux ministres, aux agents du pouvoir, il y
« a moins de précautions à prendre avec eux. Ce sont,
« criez-le bien haut, des hommes sans pudeur — ils
« trafiquent de leur conscience — s'engraissent des
« sueurs du peuple. Flétrissez indistinctement tous
« leurs actes. Règle générale : un fonctionnaire pu-
« blic ne fait jamais rien de bien — à moins qu'il ne
« se mette en opposition avec le gouvernement : alors
« décernez-lui une couronne civique.

« Des esprits timorés s'effraient encore au souvenir
« de 93. Apprenez-leur que les rigueurs salutaires de
« de cette glorieuse époque, ont été singulièrement
« exagérées. Six ou huit mille têtes, à peine, sont tom-
« bées sous la hache révolutionnaire. Qu'est-ce que

« cela ? s'imagine-t-on que la régénération d'un peu-
« ple esclave puisse se faire à l'eau de rose ? Jean-
« Jacques, a écrit quelque part : il faut une révolution
« générale ; mais si elle doit coûter une seule goutte
« de sang, je ne suis pas d'avis qu'on l'entreprenne : —
« Le citoyen de Génève était un rêveur sentimental.

« Efforcez-vous de réhabiliter la mémoire de cette
« illustre assemblée dont le dévouement a été si mal
« apprécié par les historiens : faites l'apologie de la
« Convention. — Robespierre, Couthon, Collot d'Her-
« bace, mieux connus, seront un jour comptés au nom-
« bre des grands citoyens. — Marat, Marat lui-même —
« dites-le sans rougir — Marat n'a pas encore été jugé!!!

« On attente à la vie du roi ? Rappelez-vous que ce
« doit toujours être un crime isolé. — Voilà bien du
« bruit pour un coup de pistolet ! — Si l'assassin, en
« face du tribunal, se glorifie de son action au lieu de
« témoigner du repentir, exaltez l'inébranlable fer-
« meté de son caractère. — Cet homme aurait pu faire
« de grandes choses — il était digne d'un meilleur
« sort. — On vous accusera d'accorder une prime au
« régicide ; soit : qu'importe ?

« L'émeute a répandu l'effroi dans la capitale — on
« s'est battu — il y a eu de nombreuses victimes —
« attribuez *ce conflit* ou aux provocations de la police —
« *l'infâme police* — ou à des causes purement fortuites.
« — Au fait de quoi sont coupables ces braves jeunes

« gens, pris les armes à la main ? D'un héroïque éga-
« rement, voilà tout. — Quels ont été les aggresseurs ?
« Les soldats — *ces satellites du pouvoir* — dont le rôle
« obligé, dans nos feuilles, doit toujours consister à
« faire couler le sang des citoyens paisibles et inoffen-
« sifs.

« Élevez-vous avec force contre la peine de mort,
« appliquée aux crimes politiques. — Le conspirateur
« qui fusille ses concitiyens au coin des rues, dans
« l'espoir d'obtenir, s'il réussit, un bureau de tabac ou
« la dictature, ne saurait être confondu avec un vul-
« gaire assassin : la société lui doit des égards.

« Lorsque le jury acquittera des écrivains prévenus
« de délits de la presse, prodiguez-lui les éloges, van-
« tez ses lumières et son patriotisme. — Ce verdict
« est la voix du pays — il a une haute portée — c'est
« la condamnation du ministère et de *l'ordre de choses:*
« honneur au jury !

« Mais ce même jury, prononce-t-il la culpabilité
« des accusés ? oh ! alors c'est autre chose ; vous le
« poursuivrez de vos sarcasmes, de vos injures — que
« prouve l'arrêt qu'il vient de rendre ? — Rien, abso-
« lument rien — une douzaine de boutiquiers égoïstes,
« peureux, sans intelligence, auraient-ils la préten-
« tion d'être les interprètes de l'opinion publique ? —
« Braves gens, allez vendre votre poivre et votre café !

« Un magistrat déploie-t-il du zèle et de l'activité

« dans ses poursuites contre les défenseurs de notre « cause ? — Comparez-le à *Jeffreys*, d'exécrable mé- « moire, et s'il ne se laisse pas intimider, associez « sans hésiter son nom à celui de l'exécuteur des hau- « tes-œuvres.

« Il est bien entendu que nos adversaires ne sauraient « avoir ni élévation d'idées, ni talent, ni éloquence. « Nos amis, au contraire, possèdent au plus haut « degré ces dons précieux. Vantez jusques aux niaise- « ries qui sortent de leur bouche. Ainsi un honorable « député, convive d'un banquet réformiste, s'écrie-t- « il : *je veux être indépendant avant que d'être libre ; je* « *veux être Français avant que d'être citoyen, n'oubliant* « *pas d'ailleurs que je ne suis citoyen que parce que je suis* « *Français*. — Rapportez mot pour mot ce galimatias « prétentieux et ajoutez avec trois points d'exclama- « tion : *voilà de nobles paroles !!!* L'abonné ne les com- « prendra guère, mais il partagera votre opinion : « ne paye-t-il pas pour cela ?

« Un conservateur vient-il se réfugier dans nos « rangs ? Rendez-lui les qualités de l'esprit et du cœur « dont il était naturellement privé : cela vous sera « d'autant plus facile que vous les reprendrez aux « transfuges de notre parti.

« Tout est bon à exploiter. — Les malheurs publics « — les forts détachés — la grippe — les pétitions ré- « formistes, etc., vous fournissent une mine inépui-

« sable de reproches et de récriminations. — Ayez soin « particulièrement, de présenter de temps à autre un « effroyable tableau des souffrances et des misères du « peuple ; on peut sans peine faire de l'éloquence à ce « sujet, surtout quand on a, comme vous, les pieds « chauds l'hiver, et qu'on boit son vin de champagne « frappé de glace dans la canicule.

« Publiez toutes les assertions hasardées, tous les « faux bruits, toutes les calomnies susceptibles de fa- « voriser nos vues. Si vous êtes contredits, gardez- « vous de répondre, l'accusation restera. Vous for- « ce-t-on d'insérer un démenti dans votre journal? Dé- « truisez-en l'effet à l'aide d'insinuations perfides ou « d'habiles réticences. Que vos adversaires n'aient « jamais le dernier mot! Enfin, ne vous lassez pas « de revenir aux arguments même les plus usés. Un « homme d'esprit a dit : « en France, il y a un moyen « d'avoir toujours raison, c'est de faire entendre la « même chose tous les matins. La vérité n'est qu'un « mensonge souvent répété. » Courage donc, activité « et persévérance. »

Parmi les écrivains engagés dans ces tristes débats, plusieurs, je veux bien le croire, obéissent à des convictions plus ou moins passionnées : on doit les plaindre ; mais que penser de ceux qui, n'ayant aucuns principes arrêtés en politique, mettent, par motif d'intérêt, leur intelligence au service d'une opinion pour laquelle, au fond du cœur, ils n'éprouvent nulle sympathie? Je retiens l'expression prête à m'échapper. Cependant, avouons-le, l'état actuel de la société peut, jusqu'à un certain point, leur servir d'excuse. Grâces à nos idées d'égalité absolue, chacun veut aujourd'hui avoir..... le moins d'égaux possible, c'est-à-dire, s'élever de plus en plus au-dessus de la condition où le sort l'a fait naître. De là encombrement dans toutes les carrières libérales. Il se trouve donc une certaine quantité de capacités réelles ou d'orgueilleuses médiocrités en expectative. — Que devenir? On tourne les yeux vers la presse périodique, — Il est assez agréable de régenter le monde, de façonner l'esprit public à sa manière et de mener en même temps bonne et joyeuse vie. — Et puis, la tribune du journalisme n'a-t-elle pas servi souvent de marche-pied pour arriver aux honneurs et à la fortune? — Mais sous quel drapeau s'enrôler? — On n'a pas toujours la possibilité du choix. — Le juste-milieu refuse notre concours? — Allons trouver l'opposition modérée. — Celle-ci nous repousse? — Jetons-nous dans les bras de la république. — Une fois admis au nombre des adeptes, il faut suivre la ligne tracée, et voilà comment on fait bon marché de sa conscience : pour bien des gens, la polémique n'est au fond qu'une spéculation.

Ainsi, vous le voyez, si nos divisions s'entretiennent, si rien ne se consolide chez nous, si nous vivons au jour le jour comme sur un volcan, c'est que quelques unes de ces *capacités* — ou de ces *médiocrités* — veulent à tout prix porter des gants jaunes, dîner au café de

Paris et avoir stalle à l'Opèra.—L'entretien de ces messieurs coûte un peu cher à la France.

Les lois répressives manquent d'efficacité pour combattre ce système d'attaques perfides et incessantes, surtout depuis que les affaires relatives à la presse sont entrées dans le domaine d'une institution à laquelle elles auraient toujours dû rester étrangères. Lorsqu'il s'agit de crimes ordinaires, la société, blessée dans la personne de quelques-uns de ses membres, se confie avec raison à l'appui du jury, car indépendamment des notions du juste et de l'injuste, du bien et du mal, communes à tous les hommes, un sentiment d'intérêt personnel plus ou moins réfléchi, dispose les jurés à prononcer la condamnation des coupables. Mais il n'en est pas de même des délits de la presse. Leur appréciation se fait du point de vue politique et non du point de vue moral; alors l'influence d'une opinion opposée à l'intérêt général peut fausser l'esprir du juge, et l'équitable application de la loi devient incertaine. Si le jury se trouve composé en majorité d'éléments hostiles au pouvoir, il acquittera de toute nécessité le prévenu, et à dire vrai, on n'aura aucun reproche à lui faire. Comment voudriez-vous qu'il punît des écrivains pour avoir professé tout haut des principes qui sont les siens, qu'il croit bons, et dont il appelle de ses vœux le triomphe? il agirait contre sa conscience. Ce n'est donc pas, dans ce cas, le jury qui a tort, c'est la société politique qui lui confie imprudemment sa défense.

Il y aurait bien moins de ces acquittements scandaleux où les agents de troubles puisent une nouvelle confiance, si les Cours royales, sans l'intervention du jury, étaient appelées, comme autrefois, à prononcer dans ces causes; attachées par essence à la constitution elles n'en abandonneraient pas le terrain, et, d'un autre côté, les lumières et l'indépendance des magistrats qui les composent, offriraient aux accusés une double garantie : les ennemis du repos public perdraient seuls à cette modification d'attributions. Toutefois, elle ne suffirait pas pour tarir la source du mal.

Les journaux anarchistes ont été forcés, il est vrai, à quelque réserve sur un point depuis les lois de septembre. Aussi conçoit-on la colère avec laquelle ils les accueillirent et leur persistance à en demander l'abrogation. Mais ce qui étonne, c'est de voir des feuilles appartenant à l'opposition modérée, faire, dans cette circonstance, cause commune avec eux. Ces feuilles prétendent que la législation de septembre apporte des entraves à la discussion des affaires politiques. En vérité, voilà une singulière assertion. Comment! chaque jour dans votre *premier Paris*, vous appelez les membres du conseil *ministres de l'étranger*, vous écrivez que leurs actes sont *des infamies*; vous leur jetez ainsi à la face la plus grave accusation, l'outrage le plus sanglant — et vous prétendez n'être pas libres! que pourriez vous faire de plus, je vous le demande, si aucune espèce de retenue ne vous était imposée? Il vous serait difficile de répondre. D'où vient donc votre antipathie pour ces lois que l'audace des factions a provoquées? Regretteriez-vous de ne pouvoir transporter votre polémique dans une sphère plus élevée que celle du ministère? On pourrait le croire si votre opposition ne se targuait d'être dynastique.

On a souvent répété que la presse, semblable à la lance d'Achille, guérissait les blessures qu'elle avait faites : aphorisme entièrement dépourvu de vérité si l'expérience doit être comptée pour quelque chose. Il serait plus exact de comparer cette puissance redoutable aux flèches empoisonnées des Indiens dont les moindres atteintes sont mortelles. Ne pourrait-on pas aussi, en considérant son action destructive sur ses propres œuvres, lui trouver quelque ressemblance— je demande pardon de ce rapprochement mythologique —avec Saturne, qui se plaisait à dévorer ses enfants?

Des publicistes recommandables, effrayés des écarts de la presse périodique, et voulant la rappeler à sa haute destination, ont proposé de constituer les écrivains politiques en un corps soumis, comme le barreau, à des règles d'une discipline à la fois paternelle et sévère.

Pour être admis dans l'association, il faudrait satisfaire à des conditions d'âge, de moralité et de capacité.

Les membres s'engageraient par serment solennel à

2

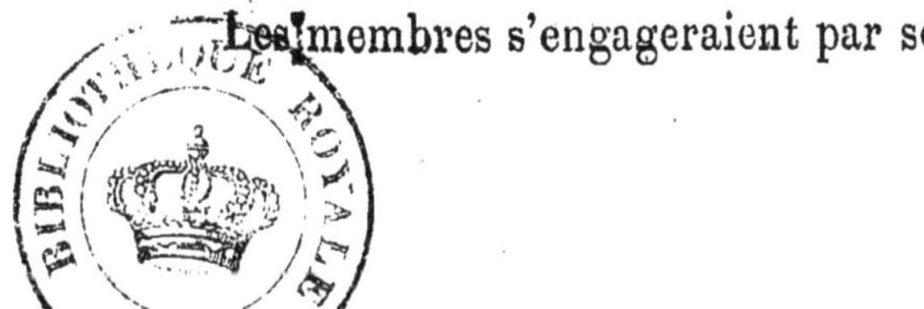

respecter la vérité, la constitution, et tous les grands principes fondamentaux de l'édifice social. Ils promettraient en outre, soumission entière aux règlements de l'ordre.

Un conseil de discipline serait chargé d'une surveillance active sur tous les membres, pour le maintien de l'honneur du corps et de la dignité de la profession.

Ainsi organisée, la presse offrirait des garanties satisfaisantes et rien ne la gênerait dans l'exercice de ses droits légitimes.

Malheureusement, ce projet digne d'éloges doit-être relégué dans la région des utopies, car la principale condition manque pour qu'il puisse se réaliser : je veux dire le consentement des parties intéressées. Les journaux du radicalisme, en effet, ont besoin pour exister de porter l'exaspération dans les esprits, d'entretenir les dissentiments politiques, de fournir sans cesse de nouveaux aliments aux mauvaises passions ; les convier à accepter des conditions de hiérarchie, de libre, mais sage examen, de mesure dans l'attaque et dans la défense, serait donc leur demander de se suicider ; or, malgré leurs protestations de civisme, je doute que, dans le cas même où ils se croiraient un obstacle au bonheur commun, ces vertueux amis du peuple, fussent disposés à imiter le dévouement de Curtius.

De ce que je viens d'exposer, il résulte que la presse

périodique n'a nullement envie de s'amender; qu'elle ne renferme en elle-même aucun principe assez puissant pour neutraliser l'effet de son action dissolvante; qu'enfin notre législation ne saurait parvenir à réprimer ses excès.

Cela posé, qu'elles mesures commandent l'intérêt, le salut du corps social ? Il n'y en a qu'une, une seule à prendre, et bien que la plupart des gens raisonnables et prévoyants en reconnaissent la nécessité, aucun de ceux dont la voix éloquente pourrait avoir de l'influence sur les esprits, n'osent exprimer tout haut leur opinion; les uns dans la crainte de perdre une vaine popularité, les autres retenus par la mauvaise honte de paraître renier d'anciennes convictions, comme si les événements des onze dernières années n'avaient pas dû apporter dans les idées de graves modifications, comme si les théories politiques, en dernière analyse, ne devaient pas s'épurer au creuset de l'expérience!

Cette mesure, qui me semble indispensable, urgente, cette mesure que tant de passions et de préjugés repoussent, cette mesure dont le nom seul effraie certaines personnes comme celui de Croquemitaine, les petits enfants : c'est la *censure* — je l'écris en toutes lettres.

Mais ignorez-vous donc, va-t-on me dire, les dispositions de l'article 7, de la Charte constitutionnelle?

Non, répondrai-je ; et Dieu me préserve d'en proposer la violation au moyen d'un coup-d'état; ce serait me rendre aussi coupable que les hommes dont je repousse les doctrines. Un sage de l'antiquité, injustement condamné à mort, disait que le premier devoir d'un citoyen était de respecter les lois bonnes ou mauvaises de son pays; je reconnais la haute valeur de cette maxime, et, en conséquence, je déclare que je respecte infiniment l'article 7 de la Charte...... mais que je suis loin de le trouver bon. Si j'ai tort de m'exprimer ainsi, qu'on s'en prenne à Socrate.

Maintenant qu'est-ce qu'une Charte constitutionnelle? Une transaction, si je ne me trompe, entre le passé et le présent, la reconnaissance écrite de droits et de devoirs réglés sur les besoins du temps; or ces besoins suivent naturellement le progrès des mœurs et de la civilisation; il est donc constant que toute charte renferme des éléments plus ou moins variables, et ne saurait, par cette raison, prétendre elle-même à l'immuabilité.

Ceci conduit à faire sentir la nécessité de réviser, à certaines époques, la partie transitoire du pacte constitutionnel; sans doute il convient de l'éloigner autant que possible, cette nécessité; mais quand son temps est venu, il y aurait de l'imprudence à la repousser: ce serait appeler la tourmente révolutionnaire.

L'institution de juillet n'a, il est vrai, que onze ans de date; cependant, si l'expérience de ce laps de temps a démontré que la Charte, remaniée trop à la hâte dans des circonstances difficiles, renferme des vices mortels pour la société, pourquoi ne pas les faire disparaître sur-le-champ ?

Les trois pouvoirs de l'État ont élevé un édifice; s'ils en ont eu le droit, qui pourrait leur contester celui de modifier et de perfectionner leur ouvrage?

Je voudrais donc qu'on avisât, en suivant une marche régulière et constitutionnelle, à la suppression du 2e alinéa ainsi conçu de l'article 7 de la Charte : « La censure ne pourra jamais être rétablie. »

C'est la presse triomphante qui imposa cette condition ; venant de renverser une dynastie, elle profita de son omnipotence pour consolider le privilége qu'elle s'arroge de ne relever que d'elle-même.

Une autre objection se présente : le droit d'exprimer librement sa pensée n'est-il donc pas imprescriptible ?

D'abord je demanderai ce qu'on entend par droit imprescriptible ? Veut-on dire un droit absolu ? Mais, dans l'état de société — lequel est l'état naturel de l'homme — les droits se trouvent limités par des devoirs correspondants, et quand les premiers sortent du cercle tracé autour d'eux, la communauté intervient pour rétablir l'équilibre : de là les lois pénales.

L'homme a bien, je crois, le droit de vivre : la société, dans certains cas, le prive de la vie.

Il a le droit d'agir : elle lui ravit sa liberté.

Où donc est le droit absolu ?

Les pensées, dès qu'elles se produisent au dehors par la parole ou par l'écriture, deviennent des actions. Rien de plus juste, en conséquence, que de les soumettre comme celles-ci au contrôle des lois. Mais, observe-t-on, la loi criminelle ne s'applique qu'à des actes accomplis. Pourquoi donc, dérogeant à ce principe à l'égard de la presse, la soumettrait-on à des mesures préventives, à la censure ? — Le domaine de l'imagination est vaste. Permettez-moi d'y faire une excursion. Je suppose que par un effet providentiel, l'homme soit doté d'un sixième sens, d'un sens dont l'espèce de seconde vue attribuée à l'influence du magnétisme pourrait donner une idée, et qui, nous laissant lire dans l'âme de chacun, nous mettrait à même de connaître l'action qu'il se propose de faire tout-à-l'heure. Une société serait-elle bien organisée, je vous le demande, qui laisserait exécuter cette action, dans le cas où elle serait criminelle ? Non sans doute, et tels que nous sommes, notre prévoyance va plus loin quand des révélations fortuites nous permettent d'arrêter le bras de l'assassin prêt à sacrifier sa victime : la loi de police précède la loi criminelle. Eh bien ! ce sixième sens auquel je viens de faire allusion, nous le possédons, lorsqu'il s'agit de la presse, puisque nous avons la possibilité de connaître les écrits avant leur publication. En laissant paraître ce qui porte atteinte à l'ordre social, ne ressemblons-nous pas à cette société mal organisée dont je viens de parler?

Concluons de là que la censure est en principe une disposition rationnelle, conservatrice, éminemment sociale. Toutefois, je ne me le dissimule pas, de grandes difficultés se présentent quand il s'agit de la mettre en pratique, et c'est dans ces difficultés que se trouvent les arguments les plus forts pour la repousser. — Elle mettrait la presse sous la dépendance de l'autorité. — Le gouvernement en ferait un abus scandaleux. — Avez-vous oublié l'empire et la restauration?

Je conviens qu'à ces époques, la censure, confiée à des hommes sans consistance, faibles ou serviles, descendit à des bassesses justement condamnées au tribunal de l'opinion publique. Aussi n'est-ce pas celle-là que je demande.

La censure que je demande, libre de toute influence extérieure, de toute considération particulière, remplirait consciencieusement ses devoirs, jugerait sans passion les idées soumises à son examen, et ne repousserait que celles dont le danger ne laisserait aucun doute : elle serait indépendante, éclairée et morale.

Et pour cela, il faudrait, selon moi, créer en vertu d'une loi, des tribunaux de censure.

Les juges seraient âgés de 40 ans au moins, inamovibles, et on leur assurerait des avantages convenables.

Ils devraient justifier de connaissances étendues en jurisprudence et dans les sciences morales et politiques.

Des mœurs pures et des antécédents honorables compléteraient les conditions imposées.

Voudrait-on avoir des garanties contre la faveur? Le gouvernement ne pourrait choisir ces juges que parmi un certain nombre de candidats proposés soit par la magistrature, soit par des corps savants.

Je n'ai pas la prétention de formuler les réglements de cette institution, d'indiquer la manière d'examiner les manuscrits, de rendre les décisions, etc. : au législateur ces détails.

Ai-je mis le doigt sur la plaie? Ai-je découvert parmi les topiques celui qui, appliqué convenablement, aurait assez de vertu pour la fermer? Ou bien, n'ai-je rêvé, moi aussi, qu'une utopie comme tant d'autres? Je m'en rapporte aux hommes sages, aux esprits sincères, jaloux du bonheur de leur patrie : seuls juges dont je reconnaisse la compétence.

Après avoir parcouru ces pages, quelques-uns de mes lecteurs, — car tout écrivain, malgré une multitude d'exemples assez décourageants, compte fermement sur des lecteurs, — seront peut-être tentés de me considérer comme un ennemi de la liberté. Ils pourraient avoir tort, ils pourraient avoir raison : il ne s'agit que de fixer la valeur du mot. Quant à moi, la liberté me semble consister en ceci : possibilité de faire du bien à soi-même et aux autres, et impuissance de faire du mal à personne. Si c'est là votre définition, donnons-nous la main, autrement nous discuterions à l'infini sans nous entendre, comme cela se pratique tout près du pont de la Concorde.

Voici d'ailleurs ma profession de foi : je crois que les ministres ne sont pas infaillibles, mais que les lumières et le patriotisme peuvent se rencontrer avec le pouvoir ; — je crois que, dans la carrière des emplois publics, la médiocrité, soutenue par l'intrigue, l'emporte souvent sur le mérite modeste, mais que partout et dans tous les temps il en sera de même, — à moins qu'un jour les hommes ne deviennent des anges, ce qui me semble assez douteux ; — je crois que la jouissance des droits civils vaut infiniment mieux pour nous que celle de certains droits politiques, excellents en théorie, dangereux en pratique, et dont, au surplus, les quatre-vingt-dix-neuf centièmes de la France se soucient fort peu ; — je crois que les gouvernements de toutes les formes sont bons, pourvu toutefois qu'ils se trouvent en rapport avec les habitudes, les mœurs, le caractère des peuples, rien n'étant aussi ridicule que cette propagande qui, sans aucune espèce de considérations, voudrait étendre son niveau sur les quatre parties du monde ; — je crois, pour en finir, que le système représentatif nous convient mieux que tout autre : seulement je désirerais qu'il fut un peu moins prodigue de paroles..... et d'avocats.

Je termine. Quel que soit le jugement qu'on porte sur cet opuscule, on conviendra qu'il y a eu du courage à le publier, car la tyrannie si puissante du journalisme poursuit avec acharnement tous ceux qui se révoltent contre elle, et les livre sans pitié à ses exécuteurs des hautes-œuvres. Ceux-ci, véritablement, n'emploient ni le glaive ni les bûchers : ils se contentent de lapider leurs victimes. Je ne recule pas devant ce supplice, et si je dois le subir, je m'écrierai encore en tombant meurtri de coups : *Il n'y a de salut pour le pays que dans la censure!*

www.ingramcontent.com/pod-product-compliance
Ingram Content Group UK Ltd.
Pitfield, Milton Keynes, MK11 3LW, UK
UKHW021207230726
13926UKWH00001B/363